Livro da

SORTE
e do
DESTINO

115ª Edição

CB007587

J. DellaMonica

Livro da

SORTE
e do
DESTINO

115ª Edição

MADRAS®

© 2019, Madras Editora Ltda.

Editor:
Wagner Veneziani Costa

Produção e Capa:
Equipe Técnica Madras

DADOS INTERNACIONAIS DE CATALOGAÇÃO NA PUBLICAÇÃO (CIP)
(CÂMARA BRASILEIRA DO LIVRO, SP, BRASIL)

DellaMonica, J.
O livro da Sorte e do Destino/J. DellaMonica. — São Paulo: Madras, 2019.

ISBN 978-85-370-0324-4

1. Autoajuda 2.Citações 3. Destino 4. Oráculos
5. Sorte 1. Título

ed.115.

Índices para catálogo sistemático:

1. Citações: Sorte e destino: Literatura 808. 882
2. Sorte e destino: Citações: Literatura 808. 882

08-01577   CDD-808.882

MADRAS EDITORA LTDA.
Rua Paulo Gonçalves, 88 — Santana
CEP: 02403-020 — São Paulo — SP
Caixa Postal: 12183 — CEP: 02013-970 — SP
Tel.: (11) 2281-5555 — Fax: (11) 2959-3090
MADRAS® www.madras.com.br

Este pequeno livro que ora o amigo leitor
tem em mãos é um pequeno Oráculo que irá,
com toda certeza, ajudar a responder todas
as questões referentes ao seu dia a dia.

Para obter o resultado, é necessário
que você primeiramente se concentre
numa questão e ao mesmo tempo gire o
livrinho por 7 vezes.

Depois, abra-o, sorteando a página.
Sua resposta estará sempre do lado
direito do livro.

Não dê atenção aos maus
conselhos, pois poderão levá-lo à
cólera e à vingança.

Antes de agir, amadureça os seus
pensamentos; reflita bem
antes de decidir.

O seu futuro tem dois caminhos
— o do bem e o do mal — a escolha
depende de você. Recolha-se à
solidão e ao silêncio e ouça a voz
que vem do interior. Deixe que sua
consciência se encarregue
da resposta.

As lutas são muitas e duras:
perturbações e incertezas. Mas
é bom manter a esperança e a
autoconfiança, elas poderão
ajudá-lo na conquista
de seus objetivos.

Os acontecimentos são mais fortes
do que nós. O perigo ameaça, mas é
necessário ter coragem e ânimo
para superar os obstáculos.

Não se intimide.

Aquele que for paciente
conquistará a paz. Suas
dificuldades começarão
a desaparecer.

O sábio sempre perdoa e faz o
impossível para esquecer.

Não dê ouvidos à inveja
e ao ciúme.

Você tem uma profunda
capacidade de concentração, uma
grande vontade de saber.

Aproveite esta época para se
dedicar aos estudos.

Aguarde notícias de amigos
ou parentes.

O sol brilha com mais intensidade
ao meio-dia. O tempo é propício aos
negócios, de realização para fazer
grandes coisas, não só por si
mesmo como também
pelos outros.

Haverá uma súbita mudança
de posição.

Aproveite este momento.

Todo problema tem solução.

Afaste de você a inveja, a intolerância, as fofocas e outros vícios.

Examine por que tudo isso está acontecendo. Tire proveito destas lições, nada acontece por acaso.

Somente assim você vencerá.

Não seja escravo do dinheiro,
use-o como apoio material.

Muitos ganham posses, mas perdem
a tranquilidade e a alegria de viver.

Trabalhe, cresça e tenha muito
sucesso, mas não esqueça que o
importante é **ser** e não **ter**.

Não faça aos outros aquilo que não
quer que os outros lhe façam.

Você tem ótimas ideias,
desenvolva-as, pense e
coloque-as em prática.

Não sinta inveja de seus amigos e
parentes. Lute, dê duro, confie
em você mesmo.

A sua ansiedade e o seu mau humor
não vão melhorar a sua vida.

Se as coisas não estão indo bem,
mude: a mudança é fantástica.

Deixe a vida acontecer.

Tudo o que você teme é fruto de
sua própria imaginação.

Não é momento para desânimo.

Tudo que vive tem um começo, um meio e um fim.

Não deixe que seus erros ou desilusões o destruam, tente aprender cada vez mais.

Somente em águas profundas a sabedoria indicará como se tornar um mergulhador.

Não se deve esperar demais.
Na maioria das vezes, as formas
velhas chegam ao fim.

Não repita o que já deu errado uma
vez, a não ser que consiga juntar as
forças e concentrá-las na vida.

Voe, busque, para poder encontrar.

A união e a confraternização
trazem sucesso.

Procure ser fiel aos outros.

Tente compreender e admirar
os amigos.

Agindo assim, tudo estará ao seu
alcance e sem muito esforço.

O humilde e o poderoso
vão se unir.

Este encontro trará a harmonia,
desde que ambos estejam
bem-intencionados.

O período é de prosperidade e de
grande força física e mental.

Você atrai os outros por seu grande magnetismo.

Quando um período for excelente, cuidado, apenas, com o excesso de confiança, pois poderá impedi-lo de enxergar o seu objetivo final.

Liberte sua energias negativas.

Renasça. A alma e o universo apoiam
o novo crescimento.

Após um tempo escuro, a luz
voltará a brilhar.

Sua força de vontade resistirá a
todos os novos obstáculos.

A vida refloresce todos os dias.

Faça um exame cuidadoso, de
você mesmo. E somente depois
de identificar o que está bloqueando
a sua mente, o seu crescimento
e seu sucesso virão.

Avalie melhor as suas necessidades.

Você precisa de transformações radicais para se manter bem.

Encare o futuro sem hesitações. O processo poderá ser lento, mas absolutamente seguro e proveitoso.

Uma grande alegria se aproxima.

O amor é um sentimento
sólido e eterno.

Os objetivos de seu coração
se realizarão, com vários
encontros agradáveis.

Seja compreensivo e coopere com
todos, este tem de ser o seu lema.

Seja menos pessimista. Abra a sua
mente, busque um caminho
menos complicado.

Coloque isto em sua cabeça: "O
velho, o novo e o desconhecido
revitalizam o coração".

A versatilidade é a base
do ser racional.

Organize-se e vá em frente.

Tente relaxar, entre mais em seu
"Eu" interior.

Sintonize-se consigo mesmo. Só
então os seus problemas começarão
a ser solucionados.

O período não é bom para
iniciar algo.

Pense um pouco menos no
dinheiro, nos negócios e em
outras relações materiais.

O que você precisa no momento
é avaliar rapidamente
a vida sentimental.

Ajude a dirigir os seus próximos
e próprios caminhos, seja
o seu guia.

Esqueça um pouco este seu
presente e comece a olhar para
o seu futuro.

Faça planos, crie momentos
deliciosos em seus pensamentos.

Comande melhor o seu destino.

Acredite, você pode chegar lá.

Ótimas perspectivas para aquele
que agir de modo adequado.

Um momento de entusiasmo, que
deve ser bem aproveitado.

Busque fazer mais amigos e aceite-os
do jeito que são.

Nada externo importa, exceto
aquilo que mostra a sua luz interior.

Não se preocupe com as aparências
das coisas ou das pessoas.

Acredite mais em sua intuição.

Se as coisas não vão bem, não insista, o momento pede reflexão.

Talvez seja a hora de você admitir para si mesmo algo que nega há muito tempo.

Não conte com o apoio dos amigos.

De um lado a montanha, do outro,
um enorme abismo.

O momento é de reflexão,
faça uma autocrítica.

Não tome nenhuma decisão,
o momento é para pensar,
não para decidir.

A vontade de aprender conduz
à sabedoria.

O seu caminho, mesmo que sem
experiência, terá progressos
e vitórias.

Nem sempre o caminho mais fácil
é o melhor.

Não busque em seu passado uma justificativa para seus gestos.

Viva mais intensamente o presente, sempre com os olhos voltados para o futuro.

Siga a sua razão e terá muita prosperidade e muitas alegrias.

Para vencer todo e qualquer mal,
você deve ser firme na sua
condenação, mas nunca
usar as armas do mal.

Mesmo quando o sucesso completo
parece ter sido alcançado, deve-se
ficar em guarda contra os pequenos
remanescentes do mal, pois
tornarão a crescer mais tarde.

Você precisa urgentemente
se distrair.

Procure mais os lugares de
divertimento, centros de lazer ou
ambientes arejados e luminosos,
onde, com toda certeza, irá
resgatar a harmonia.

Não tome decisões neste período.

Viva a vida.

Muitas de suas alegrias vão ser proporcionadas pelos seus amigos.

Sua posição indica um bom relacionamento com as pessoas, principalmente com novos encontros e conversas interessantes.

Tome cuidado com os falsos amigos.

As realizações evoluem num ritmo lento, mas constante.

As coisas correrão de maneira lenta, mas permanente.

Siga mais a sua intuição. Seja menos indeciso.

Tudo, neste momento, depende dos que o rodeiam, sua influência é neutra, mas poderá, em breve, ser muitíssimo favorável.

Não adianta correr, cada coisa tem o seu tempo.

Não se engane. Para que mentir
para si mesmo?

Cuidado com os problemas
nervosos, psíquicos e com
as doenças pulmonares.

Se as coisas não vão bem, o melhor
a fazer é parar antes que seja
tarde demais.

O sonho pode ser muito ambicioso.

Não é tempo de iniciar novos negócios ou novas relações.

Mergulhe em sua consciência, sinta mais o seu valor humano, não busque apenas o material.

Não se revolte nem se deprima.

Liberte-se do medo e do desejo.

Agradeça a tudo e a todos, em todos os momentos.

Há muita energia ajudando-o, iluminando-o e protegendo-o.

O mau humor é um veneno.

Pé na estrada e boa sorte.

A solução está sempre dentro de nós mesmos, mas a grande maioria das pessoas se esquecem disso.

Portanto, acredite em sua própria força, não se importe com a opinião dos outros.

Assim, você vencerá.

O simples fato de você se tornar um
pensador positivo vai melhorar
toda a sua vida.

Não se condicione aos hábitos que
possam atraí-lo para o mal.

Lembre-se: o importante é estar de
bem consigo mesmo sempre.

Previna-se ou perderá alguém ou
alguma coisa.

Cresça e amadureça com a
perda de antigos valores.

Como a água da fonte, nossa
força nunca se acaba.

Não se deixe abalar por estar
passando por dificuldades,
é importante não permitir que elas
penetrem em seu espírito.

Lançar-se repentinamente ao
problema não irá solucioná-lo.

Agarre-se em seu interior, medite.

É tempo de muita harmonia.

O segredo do sucesso é ser
alegre e sereno.

Sorria, pois o sorriso é um
prazer contagiante.

Obter o que quer, neste momento,
depende somente de você.

Siga em frente.

Livre-se o quanto antes dos velhos
hábitos, isto significará que você
está pronto para começar
uma nova vida.

Observe tudo com naturalidade
e humor.

Somente assim poderá colher os frutos.

Não siga simplesmente o seu instinto
sem antes avaliar ou compreender
as consequências.

A felicidade e a ternura estão bem
ao seu lado, agarre-as.

A grande ajuda virá.

Sacrifique o supérfluo em favor
do essencial.

Saber renunciar hoje significa
conquistar amanhã.

Perde-se de um lado,
ganha-se de outro.

Seja menos agressivo.

Os benefícios, sejam eles materiais
afetivos ou espirituais, virão
muito em breve.

É um momento de alquimia,
em que a compreensão é uma
transmutação do conhecimento.

A felicidade lhe trará também
novas energias.

Os resultados não são imediatos.
O tempo é uma constante.

Cuide do que já plantou.

Não se pode acelerar a correnteza
de um rio.

No momento certo,
você colherá bons frutos.

Há muito trabalho para ser
desenvolvido em conjunto.

Partilhe o que conseguir com os
que o ajudaram e com os que
necessitam de ajuda.

Esta é a atitude certa do
verdadeiro guerreiro.

Perspectivas favoráveis. Todo começo é difícil, mas depois de superada a dificuldade, a vitória virá.

É preciso firmeza e persistência.

Não se deixe dominar, nem se
deixe arrastar pelo nada.

Um período de solidão causará
depressão e muitas frustrações.

Tente, apenas para aliviar este triste
período, ser mais otimista.

Se há uma entrada,
tem de haver uma saída.

Dê tempo ao tempo; para vencer é
necessário muita luta, ânimo
e confiança.

Não desista — o julgamento é lúcido.

O vento afasta as nuvens e a
claridade retorna.

Desfrute os prazeres que a vida lhe
oferece, mas não se ligue a pessoas
que nada significam para você.

Se não há um sentimento
verdadeiro, para que se ligar?

Somente o amor profundo e
equilibrado garante a felicidade.

Recompensas serão recebidas e amores realizados.

Conserve bem o que já foi conquistado.

Todos os momentos de vitória requerem muita atenção.

Não esqueça o quanto lhe custou chegar onde está.

Aceite, aprecie e desfrute tudo aquilo que lhe é oferecido.

É oportuno adequar-se às circunstâncias com flexibilidade, conservando sempre a dignidade.

A sorte está, muitas vezes em saber ouvir.

É tempo de alegria e esperança.

Aproveite para assentar as bases
de um futuro sólido.

Partilhe com os amigos a sua sorte.

Não queira tudo para si; lembre-se:
quem muito quer nada tem.

Os fins são novos começos, o ciclo
dos fenômenos naturais é um
progresso permanente.

Os sábios renovam-se a cada parada.

As ações fáceis e as recompensas
rápidas não duram muito.

Para obter sucesso, é necessário
muita reflexão e preparação.

Use a sua energia com sabedoria.

Neste período, encontrará
compreensão e fidelidade.

O sucesso está garantido para todos
os que souberem agir com senso
de justiça.

Você pode ter tido uma ótima ideia,
mas, antes de colocá-la em prática, é
fundamental que haja harmonia
neste caminho.

Não imponha sua ideias. Cuidado
com o perigo dos excessos.

A força e a humildade se unem.
O fim não justifica os meios.

Tenha paciência, seu dia chegará.

Espere confiantemente que um árbitro independente dê a resposta correta.

Se há desacordos, não fique tentando grandes projetos.

Siga o mesmo caminho até que uma luz o avise de que está na hora de agir.

Seja razoável.

Uma obstrução está impedindo o
seu caminho e todo o seu progresso.

Aconselhe-se com um amigo, peça a
ajuda dele em todos os sentidos.

É tolice tentar avançar. Considere a
situação e conserve suas energias,
para usá-las no momento exato.

Trabalhe mais silenciosamente.
O momento ainda não é
propício para agir.

Sem uma orientação, as
dificuldades não poderão
ser superadas.

Não se precipite, pode demorar
algum tempo, mas o
sucesso chegará.

É necessário desenvolver um plano conveniente, preparando-se para um futuro avanço.

A época é difícil, mas agarre-se com firmeza ao que é correto e mantenha-se em companhia dos verdadeiros amigos.

Para obter o sucesso desejado é preciso apenas o equilíbrio entre influências recíprocas.

Não adianta dar um salto maior do que a sua perna, ou querer abraçar o mundo com suas mãos.

Devagar e sempre, este é o lema.

Antes de seguir em frente,
organize-se. Seus objetivos devem
ser claros e razoáveis; caso
contrário, o fracasso será inevitável.

Quando estiver em desvantagem,
o mais sensato é recuar
para evitar a derrota.

Não deixe que suas emoções o dominem, sejam elas positivas ou negativas.

Sua vida está sofrendo grandes mudanças, novas oportunidades e novos desafios surgirão.

É preciso manter-se protegido.

Tenha sempre uma conduta correta.

Os caminhos estarão obscuros. Não deixe
que certas situações o confundam
nem o desanimem.

Procure manter um autocontrole e
não se deixe seduzir por
nenhuma alegria.

Não perca a sua consciência.

É necessário saber começar.

Tente buscar entre os amigos e
parentes uma harmonia.

É bom manter-se aberto e
disponível, pronto para
dar e receber.

Lembre-se: o mundo é dinâmico e
não podemos nos limitar demais.

Em primeiro lugar, você tem de
cuidar melhor de sua saúde.

Permaneça sempre alerta a todo
novo detalhe, fique de olhos abertos.

Mesmo que não saia ganhando,
você também não perderá.

O período é de muita sorte, lucros,
recompensas e muito sucesso.

Vitória sobre os inimigos.

Coloque em prática suas ideias ou
os seus sentimentos e os seus
projetos com bastante dedicação.

O momento é de muitas
felicidades e vitórias.

Mesmo em tempos de adversidade,
quando não se consegue colocar as
coisas em seus devidos lugares, ou
não se consegue avançar, não se
deve perder o equilíbrio e, muito
menos, desperdiçar as energias.

Na vida, todos temos de passar por
estes ciclos difíceis.

Mantenha-se forte e confiante.

Este pequeno livro que ora o amigo leitor tem em mãos é um pequeno Oráculo que irá, com toda certeza, ajudar a responder todas as questões referentes ao seu dia a dia.

Para obter o resultado, é necessário que você primeiramente se concentre numa questão e ao mesmo tempo gire o livrinho por 7 vezes.

Depois, abra-o, sorteando a página. Sua resposta estará sempre do lado direito do livro.

© 2019, Madras Editora Ltda.

Editor:
Wagner Veneziani Costa

Produção e Capa:
Equipe Técnica Madras

DADOS INTERNACIONAIS DE CATALOGAÇÃO NA PUBLICAÇÃO (CIP)
(CÂMARA BRASILEIRA DO LIVRO, SP, BRASIL)

DellaMonica, J.
O livro da Sorte e do Destino/J. DellaMonica. — São Paulo: Madras, 2019.

ISBN 978-85-370-0324-4

1. Autoajuda 2.Citações 3. Destino 4. Oráculos
5. Sorte 1. Título

ed.115.

Índices para catálogo sistemático:

1. Citações: Sorte e destino: Literatura 808. 882
2. Sorte e destino: Citações: Literatura 808. 882

08-01577   CDD-808.882

Todos os direitos desta edição reservados pela

MADRAS EDITORA LTDA.
Rua Paulo Gonçalves, 88 — Santana
CEP: 02403-020 — São Paulo — SP
Caixa Postal: 12183 — CEP: 02013-970 — SP
Tel.: (11) 2281-5555 — Fax: (11) 2959-3090
MADRAS® **www.madras.com.br**

J. DellaMonica

Livro da

SORTE
e do
DESTINO

115ª Edição

MADRAS®

Livro da

SORTE *e do* DESTINO

115ª Edição